LAS ROCAS

MINERALES

RICHARD Y LOUISE SPILSBURY

Chicago, Illinois

www.capstonepub.com
Visit our website to find out more information about Heinemann-Raintree books.

To order:
☎ Phone 800-747-4992
💻 Visit www.capstonepub.com to browse our catalog and order online.

Edited by Louise Galpine and Diyan Leake
Designed by Victoria Allen
Illustrated by Geoff Ward and KJA artists
Picture research by Hannah Taylor
Originated by Capstone Global Library Ltd
Translation into Spanish by DoubleOPublishing Services

Library of Congress Cataloging-in-Publication Data
Spilsbury, Richard, 1963-

[Minerals. Spanish]
Minerales / Richard y Louise Spilsbury.
    p. cm. -- (Las rocas)
Includes bibliographical references and index.
ISBN 978-1-4329-5653-0 (hardcover) -- ISBN 978-1-4329-5661-5 (pbk.)
1. Minerals--Juvenile literature. 2. Mineralogy--Juvenile literature. I. Spilsbury, Louise. II. Title.
QE365.2.S6518 2011
549--dc22
                            2011009783

Acknowledgments
The author and publisher are grateful to the following for permission to reproduce copyright material: Alamy Images pp. **9** (© Ambient Images Inc.), **13** (© Marvin Dembinsky Photo Associates), **14** (© Phil Degginger); ardea.com p. **23** (© Jean Paul Ferrero), © Capstone Publishers p. **29** (Karon Dubke); Corbis pp. **4** (Layne Kennedy), **17** (Douglas Pearson), **18** (Yang Liu); istockphoto pp. **5** (© only_fabrizio), **10** (© Vladone), **11** (© Stefano Casola); NASA p. **19**; Photolibrary pp. **7** (Pacific Stock/David Reggie), **21** (DEA/G. Cigolini), **24** (Enrique Algarra), **26** (age fotostock/Stuart Pearce); Science Photo Library pp. **12** (Mark Sykes), **15** (Andrew Lambert Photography); shutterstock p. **16** (© jackhollingsworth.com, LLC).

Cover photograph of a spring rich in mineral and iron deposits, Selvellir, Snaefellsness Peninsula, Iceland, reproduced with permission of FLPA (Imagebroker).

We would like to thank Dr. Stuart Robinson for his invaluable help in the preparation of this book.

Every effort has been made to contact copyright holders of any material reproduced in this book. Any omissions will be rectified in subsequent printings if notice is given to the publisher.

Disclaimer
All the Internet addresses (URLs) given in this book were valid at the time of going to press. However, due to the dynamic nature of the Internet, some addresses may have changed, or sites may have changed or ceased to exist since publication. While the author and publisher regret any inconvenience this may cause readers, no responsibility for any such changes can be accepted by either the author or the publisher.

CONTENIDO

Las profesiones y las rocas

Averigua sobre el trabajo vinculado con el estudio de las rocas.

Consejo de ciencias

Fíjate en nuestros interesantes consejos para saber más sobre las rocas.

¡Cálculos rocosos!

Descubre los números asombrosos del mundo de las rocas.

Biografía

Lee sobre la vida de las personas que han realizado descubrimientos importantes en el estudio de las rocas.

Algunas palabras aparecen en negrita, **como éstas**.
Puedes averiguar sus significados en el glosario de la página 30.

¿QUÉ SON LOS MINERALES?

Los minerales son sustancias sólidas que componen las rocas que pisamos. Nos ayudan a cultivar los alimentos, proporcionan materiales para construir nuestras casas y componen muchas otras cosas que usamos todos los días. ¡Los minerales son increíbles!

FORMACIÓN DE MINERALES

Los minerales están hechos de **elementos**, que son las sustancias químicas más simples. Los minerales pueden contener un elemento o varios elementos. Por ejemplo, el oro contiene solamente el elemento oro, pero el mineral **cuarzo** común está compuesto por una combinación de dos elementos, **silicio** y oxígeno. Todo los minerales pueden crear formas definidas, con lados y bordes planos, llamadas **cristales**.

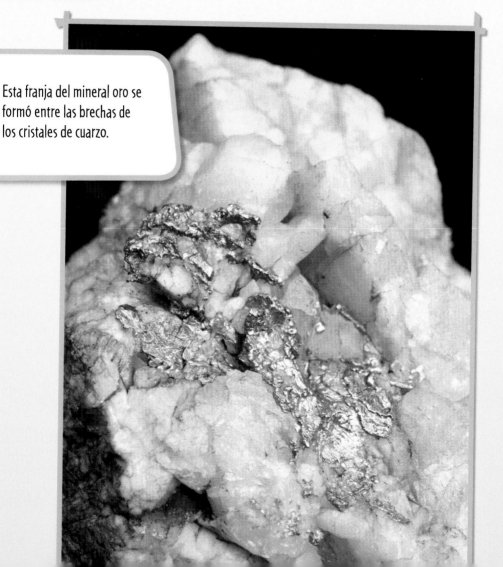

Esta franja del mineral oro se formó entre las brechas de los cristales de cuarzo.

MINERALES EN LAS ROCAS

Las rocas están compuestas por un mineral o por muchos minerales. Por ejemplo, la **piedra caliza** contiene mayormente **calcita**, pero la roca del **granito** contiene **feldespato**, mica y cuarzo. En muchas de las rocas, los cristales de los minerales son pequeños y están entremezclados, pero a veces se forman cristales de minerales individuales, como el oro, en las brechas de las rocas.

En este libro seguiremos la historia del oro y otros minerales, para averiguar cómo se forman, qué tipos hay, para qué los usamos y mucho más.

¡Cálculos rocosos!

Aproximadamente el 90 por ciento de las rocas de la superficie terrestre contiene el elemento silicio. El silicio se utiliza para fabricar muchas cosas, desde celdas solares hasta la cera para dar brillo a los carros.

Los minerales presentes en este granito son feldespato rosado, cuarzo blanco y mica oscura.

¿CÓMO SE FORMAN LOS MINERALES?

Los minerales se forman de varias maneras espectaculares. Algunos se forman debajo de la superficie de la Tierra, donde hace un calor abrasador, o cuando los volcanes hacen erupción. ¡Algunos incluso provienen del espacio!

PLANETA CALIENTE

El centro, o núcleo, de la Tierra es una bola de hierro increíblemente caliente. Sobre este núcleo hay una capa gruesa de rocas calientes denominada **manto**, que se mueve extremadamente lento. En algunas partes del manto y de la **corteza**, las rocas se pueden fundir y formar **magma**. El magma es una mezcla de minerales, líquidos y gases. El magma sube a través de la corteza hacia la superficie de la Tierra.

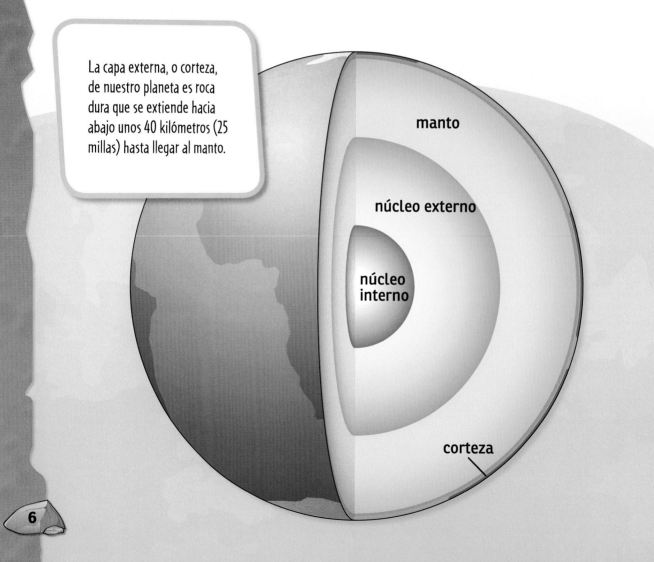

La capa externa, o corteza, de nuestro planeta es roca dura que se extiende hacia abajo unos 40 kilómetros (25 millas) hasta llegar al manto.

manto

núcleo externo

núcleo interno

corteza

ENFRIAMIENTO DEL MAGMA

El magma se enfría a medida que sube. Al enfriarse el magma, los diferentes minerales que hay en su interior se solidifican y forman **cristales** en los espacios subterráneos. Por ejemplo, el oro se forma cuando los gases calientes del magma se condensan (se vuelven líquidos) y forman cristales en las brechas profundas de la corteza. En los lugares donde la corteza es débil, el magma se puede acumular y surgir de repente de un volcán. El magma que sale despedido de un volcán se llama **lava**. La lava se enfría rápidamente cuando fluye sobre la tierra y se convierte en **roca ígnea**.

Consejo de ciencias

Mira una **piedra pómez** en un baño. Esta roca blanda se forma de la lava gaseosa que burbujea al salir de los volcanes, como un refresco después de agitar la botella. La piedra pómez puede ser lo suficientemente liviana como para flotar en el agua porque algunas burbujas de aire quedaron atrapadas en su interior cuando se enfrió.

Las erupciones volcánicas son fenómenos espectaculares. Los minerales se forman del magma que se enfría en la superficie de la Tierra.

MINERALES DEL AGUA

Otros minerales se forman cuando el agua caliente descompone las rocas subterráneas. La roca del manto calienta el agua de lluvia y de mar que se filtra en la corteza a través de las grietas que hay en la roca de la superficie. El agua caliente se mezcla con los **elementos** de los minerales de las rocas y así se forma una **solución**. Los elementos forman minerales nuevos donde la solución se enfría.

Este proceso se esconde bajo la tierra. Pero en el fondo del mar, ¡hay lugares donde los científicos pueden ver cómo se forman los minerales! Los minerales forman chimeneas alrededor de agujeros llamados **fuentes hidrotermales**, donde las soluciones calientes salen con gran fuerza de abajo de la tierra y se enfrían rápidamente en el agua fría.

¡Cálculos rocosos!

Las chimeneas de minerales de las fuentes hidrotermales pueden crecer rápido: ¡hasta 30 centímetros (11 pulgadas) en un día!

El "humo" proveniente de las chimeneas del fondo del mar es producido por los minerales de una solución que forman pedacitos sólidos en el agua.

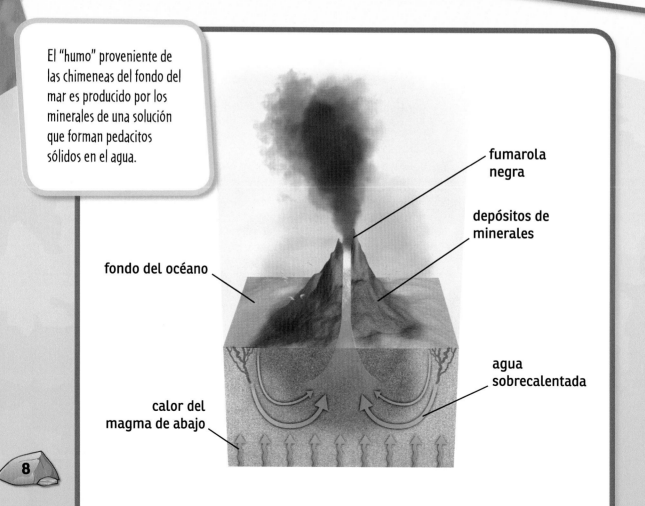

fumarola negra

depósitos de minerales

fondo del océano

agua sobrecalentada

calor del magma de abajo

MINERALES DEL ESPACIO

¡Algunos minerales no se formaron en este planeta! Algunos minerales, como la kamacita, que contiene el elemento hierro, se formaron en las rocas que han estado flotando por el espacio desde la época en que se formó la Tierra. Estos minerales se encuentran en nuestro planeta solamente en los lugares donde estas rocas, o **meteoritos**, chocaron contra la Tierra.

Biografía

El químico estadounidense Clair Patterson (1922–1995) calculó la edad de la Tierra a partir de los minerales de un meteorito. Supuso que el meteorito se había formado al mismo tiempo que la Tierra. El plomo de sus minerales era de dos tipos, y uno se transformaba en el otro a una tasa regular. Patterson midió las proporciones de cada tipo y calculó que la edad de la Tierra era 4.6 mil millones de años.

Muchos meteoritos se rompen cuando chocan contra la Tierra. Este es uno de los más grandes que ha perdurado. Pesa 15,000 toneladas métricas (16,500 toneladas).

LA TRANSFORMACIÓN DE LAS ROCAS

El **ciclo de la roca** es el cambio continuo de un tipo de roca en otro durante períodos muy largos. Durante este proceso, los minerales se **reciclan**. Las rocas de la superficie se rompen debido al desgaste, por ejemplo, cuando la luz solar intensa calienta la roca y la agrieta. Luego, el agua y el viento pueden **erosionar** los pedacitos que se desprenden o transportarlos a otros lugares. Si estos pedazos se acumulan y quedan enterrados, gradualmente forman **roca sedimentaria**. Por ejemplo, la arenisca contiene granos de **cuarzo** que se formó originalmente en la roca ígnea. Tanto las rocas ígneas como las sedimentarias también pueden transformarse en **roca metamórfica**.

El viento ha erosionado esta arenisca en el Parque Nacional de Arcos de Utah durante miles de años, hasta formar un arco.

MINERALES NUEVOS DE MINERALES VIEJOS

La roca metamórfica se forma cuando los movimientos de la Tierra transportan hacia las profundidades la roca de la corteza. Allí hay temperaturas altas y las rocas de arriba ejercen **presión**, lo que calcina y aplasta la roca. Se reordenan los elementos de los minerales existentes y se originan otros minerales, o se forman cristales. Por ejemplo, los cristales de mica se forman cuando bajo la tierra se origina roca pizarra a partir de la roca sedimentaria lutita.

Las profesiones y las rocas

Algunos **geólogos** estudian cómo se forman las montañas. Por ejemplo, estudian cómo algunos pedazos de la Tierra se plegaron y formaron las montañas del Himalaya durante 50 millones de años. La presión ejercida sobre la roca que se plegaba formó grandes áreas de rocas metamórficas.

La pizarra es una roca metamórfica utilizada para fabricar tejas. Se divide en tejas porque los cristales que tiene en su interior han formado láminas delgadas en una sola dirección.

¿QUÉ TIPOS DE MINERALES HAY?

Los **geólogos** ya han nombrado unos 4,000 minerales y se descubren muchos más cada año. Entonces, ¿cómo podemos identificar todos estos minerales?

COLOR Y BRILLO

Algunos minerales tienen siempre un color particular. Por ejemplo, el **azufre** es amarillo brillante y la azurita es de color azul oscuro. Sin embargo, otros minerales presentan una variedad de colores. La fluorita puede tener cualquiera de los colores del arco iris, ¡del rojo al violeta!

Los geólogos también identifican los minerales por su **brillo**. Los minerales metálicos, como el oro, y los minerales vítreos, como el **cuarzo**, reflejan la luz más que otros. Las palabras usadas para describir el brillo de los minerales incluyen "aceitoso", "terroso", ¡y hasta "opaco"! Sin embargo, diferentes personas pueden percibir el brillo de diferente manera.

El color y el brillo no permiten identificar a todos los minerales. La pirita de hierro se denomina "oro de los tontos", ¡porque su brillo metálico y su color hacen creer a las personas que el mineral es oro verdadero!

LAS FORMAS DE LOS CRISTALES

Los **cristales** son minerales que han tenido la oportunidad de desarrollarse con formas especiales. Por ejemplo, la pirita forma cristales perfectamente cúbicos y los cristales del granate pueden tener caras con forma de cometa. El cuarzo suele formar columnas con extremos puntiagudos y la hematita puede presentarse en forma de cristales redondeados. Sin embargo, identificar un mineral por su forma no es infalible. En el interior de las rocas, los cristales desarrollan la forma que estaban destinados a tener solamente si tienen el tiempo y el espacio para crecer de esa manera.

Consejo de ciencias

Mira algunos cristales con una lupa. ¿Sus bordes planos tienen forma de cuadrados, rectángulos, triángulos, rombos o hexágonos? Busca en una guía para identificar los minerales según las formas que veas.

La amatista es un tipo de cuarzo. Sus cristales usualmente forman columnas de seis lados.

PRUEBAS PARA MINERALES

Los geólogos utilizan pruebas para identificar los minerales. Observan que algunos se rompen al golpearlos con un martillo geológico especial. Por ejemplo, el cuarzo roto tiene bordes con forma de pala. Otros minerales tienen un olor particular. El azufre, que se utiliza en las cabezas de los fósforos, ¡huele a huevo podrido!

Los geólogos también raspan los minerales con diferentes materiales para poner a prueba su dureza. El oro mide 2.5 a 3 en la escala de la dureza y el diamante (el mineral más duro) mide 10.

Un geólogo pone a prueba un mineral metálico viendo si es lo suficientemente duro para rayar el cuarzo.

Escala de la dureza de los minerales		Ejemplo
1	Fácil de rayar con la uña	talco
2	Difícil de rayar con la uña	**yeso**
3	Fácil de rayar con un clavo de acero	**calcita**
4	Fácil de rayar con un cuchillo	fluorita
5	No raya el vidrio	apatita
6	Puede rayar el vidrio	**feldespato**
7	Raya el vidrio fácilmente	cuarzo
8	Raya un clavo de acero	topacio
9	Desgasta un clavo de acero	corindón
10	Corta el vidrio	diamante

EL INTERIOR DE LOS MINERALES

Los geólogos también hacen diferentes pruebas con los minerales para averiguar qué tienen en su interior. Por ejemplo, colocan gotas de **ácidos**, como el vinagre, sobre las rocas para ver si los minerales hacen burbujas. Algunos minerales, como la calcita y la dolomita, contienen sustancias que reaccionan con los ácidos, liberando burbujas de gas dióxido de carbono.

Las profesiones y las rocas

Los minerales están formados por capas apiladas de **átomos** y **moléculas** (grupos de átomos). Los átomos de diferentes **elementos** se agrupan de manera diferente. Algunos geólogos hacen modelos de la estructura de los cristales usando esferas para los átomos o las moléculas. Esto los ayuda a comprender por qué los cristales tienen diferentes formas y **propiedades**.

Este es un modelo geológico de los átomos y las moléculas que hay en el interior de un mineral de cuarzo.

¿CÓMO USAMOS LOS MINERALES?

Una de las razones por las que se ha buscado el modo de identificar los minerales es que los usamos para muchas cosas importantes.

MINERALES PARA LA VIDA

Los minerales contienen **elementos** que ayudan a los seres vivos a crecer y mantenerse sanos. Por ejemplo, las plantas necesitan el elemento fósforo de los minerales del suelo para desarrollarse bien. Los minerales del suelo provienen de rocas **desgastadas**. Las personas y otros animales obtienen los minerales que necesitan comiendo plantas o consumiendo leche, huevos y carne de los animales que comen plantas. Por ejemplo, el brócoli y la carne de res son buenas fuentes de minerales que contienen hierro. Este elemento es importante para la sangre. Algunos minerales son importantes para mantenernos limpios. Por ejemplo, la calcita de la pasta de dientes restrega y quita la suciedad de los dientes, ¡y el flúor evita que se formen caries!

Estas son solo algunas de las maneras en que los minerales nos ayudan a crecer y mantenernos sanos.

calcio hace funcionar los músculos y desarrolla los huesos y dientes

cloro ayuda en la digestión

potasio ayuda a los nervios a transmitir mensajes y es bueno para la presión arterial

azufre fabrica proteínas y desarrolla ligamentos fuertes

hierro ayuda a la sangre a transportar oxígeno

cinc sana las heridas y ayuda al sistema inmunológico

MINERALES ÚTILES

Algunos minerales no son necesarios para la vida, pero son muy útiles. Durante miles de años las personas han extraído rocas, como el **mármol** y el **granito**, de las montañas de todo el mundo. Los minerales de estas rocas constituyen materiales de construcción resistentes y hermosos. El **cuarzo** que se encuentra en la arena es esencial para fabricar vidrio y la caolinita es el mineral principal de la arcilla china (caolín). Esta arcilla se utiliza para fabricar muchísimas cosas: papel brillante para revistas, tazas, lavamanos e inodoros.

Biografía

En 1631, el emperador de la India, Shah Jahan (1592–1666) ordenó construir un palacio de mármol llamado el Taj Mahal en memoria de su esposa. Los elefantes transportaron el mármol que se necesitaba, ¡y 20,000 personas tardaron 22 años en construirlo!

El mármol, la roca utilizada para construir el Taj Mahal, contiene principalmente calcita, un mineral blanco.

MINERALES METÁLICOS

Los minerales metálicos nos proporcionan una amplia variedad de metales utilizados para fabricar objetos tales como vehículos, cables eléctricos y latas para alimentos o bebidas. La manera en que usamos los metales depende de su dureza y de muchas otras **propiedades**. El aluminio es liviano, fácil de moldear y no se oxida como el hierro. Por ello, los cuerpos de los carros y aviones y las latas de bebidas se hacen con este metal. El cobre se utiliza en los cables eléctricos porque la electricidad fluye con facilidad y rapidez a través del cobre.

El acero es un metal hecho de minerales. Es muy resistente para su peso y no se pudre como la madera. Es un material ideal para construir barcos enormes.

METALES PRECIOSOS

El oro, al igual que otros minerales metálicos, como la plata y el platino, es un **metal precioso**. Los metales preciosos son valiosos porque se encuentran rara vez en grandes cantidades. Tienen hermoso color y **brillo**, y usualmente son lo suficientemente blandos para moldearlos y fabricar joyas y otros objetos decorativos, tales como coronas reales.

Hemos aprendido cómo se forman los minerales y cuáles son sus propiedades y sus usos, ¿pero dónde los encontramos?

Las profesiones y las rocas

Los **geólogos** usan máquinas especiales de rayos X para examinar los metales preciosos. Los **rayos X** hacen que los **átomos** de los metales emitan patrones de luz. El patrón cambia si el metal contiene otros átomos. Por ejemplo, el patrón del oro puro es diferente del patrón del oro más barato que contiene átomos de níquel. Las pruebas de rayos X indican cuáles son los metales preciosos más puros y caros.

El oro no es solamente un metal precioso que sirve para fabricar joyas. También se puede moldear en capas muy delgadas y reflectantes. En el espacio, los astronautas se ponen viseras recubiertas de oro para proteger sus ojos de la intensa luz solar que podría hacer daño.

¿DÓNDE HAY MINERALES?

Algunos minerales se encuentran por todos lados, mientras que otros solamente existen en unos pocos lugares. Algunos están en la superficie de la Tierra, pero muchos están escondidos bajo tierra.

¿COMUNES O RAROS?

Algunos minerales, incluidos el **cuarzo** y el **feldespato**, se encuentran en todo el mundo. Muchas rocas los contienen, ya que están compuestos por **elementos** como el silicio y el oxígeno, que son comunes en el **magma**. Otros minerales son más raros. Se pueden haber formado en las profundidades del **manto** a partir de elementos inusuales y se encuentran rara vez en la superficie. La osbornita es un mineral que se encuentra solamente donde cayó un **meteorito**, en Rusia.

El oro se encuentra en pequeñas cantidades en las rocas de diversas partes del mundo y en grandes cantidades en ciertos países, como Sudáfrica.

DÓNDE BUSCAR

Algunos minerales son fáciles de hallar. Los granos de cuarzo, provenientes de diferentes rocas que se han **desgastado** y **erosionado**, componen la mayor parte de la arena de las playas y los desiertos del mundo. Los mineralogistas utilizan algunas pistas para encontrar otros minerales. Por ejemplo, los granates son **cristales** de minerales que se forman en partes profundas del manto, cerca del lugar donde también se forman los diamantes. Si la roca tiene granates, también podría contener diamantes.

Las profesiones y las rocas

Algunos mineralogistas buscan granos de oro en las muestras de suelo. Los mineralogistas observan las formas de los granos con microscopios. Los granos de oro son más lisos si se han desgastado con la erosión a lo largo de distancias extensas. Por lo tanto, si los granos tienen formas muy marcadas y angulosas, entonces es probable que la fuente del oro esté cerca.

La malaquita es una pista de que el cobre podría encontrarse cerca. Se forma después de que el agua caliente **disuelve** el elemento cobre de la roca subterránea.

EXTRACCIÓN DE MINERALES

La **minería** es una actividad cara que requiere de mucho tiempo, así que los mineros buscan rocas que contengan gran cantidad de minerales adecuados. En la actualidad, el oro usualmente se extrae de las minas donde hay vetas, o capas, del metal en otras rocas. En 1848, se descubrieron grandes yacimientos de oro, desgastados y erosionados por los ríos, en las montañas de California. Esto llevó a una "Fiebre del oro", durante la cual llegaron a la región personas de todo el mundo que buscaban hacer fortuna. La "fiebre" se redujo cuando las personas tuvieron que excavar más profundamente.

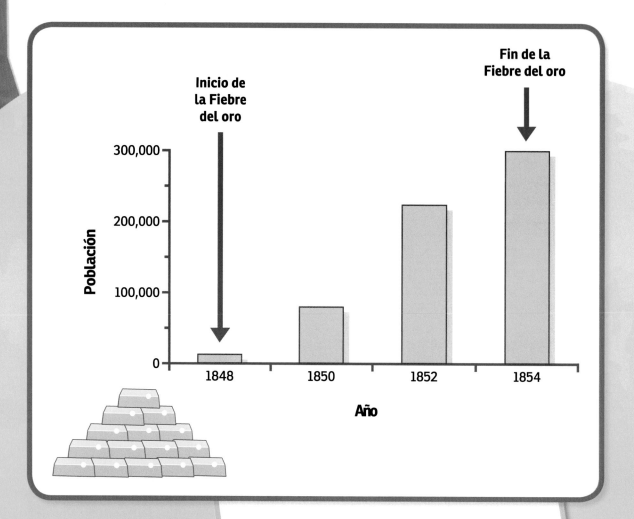

Esta gráfica muestra que la población de California se multiplicó por más de 20 durante la Fiebre del oro.

METALES DE MINERALES

Las rocas que contienen grandes proporciones de minerales metálicos se denominan **menas**. Por ejemplo, la hematita es un tipo de mena de hierro. El metal usualmente se extrae aplastando y calentando la mena a altas temperaturas. Sin embargo, la mena suele contener impurezas, tales como oxígeno y otros metales.

La **fundición** se produce cuando se quitan las impurezas de diferentes maneras. Por ejemplo, el oro se funde mezclando el metal impuro con mercurio. Esto hace que los **átomos** de oro se agrupen, lo cual permite recolectar el oro.

Biografía

A comienzos del siglo XIX, el aluminio era un metal precioso porque rara vez se encontraban grandes yacimientos de aluminio. En 1821, el científico francés Pierre Berthier (1782–1861) descubrió una mena de aluminio en Les Baux, Francia. La nombró bauxita, por este lugar. El aluminio se volvió más barato cuando se encontró más bauxita y se desarrollaron métodos para facilitar su extracción.

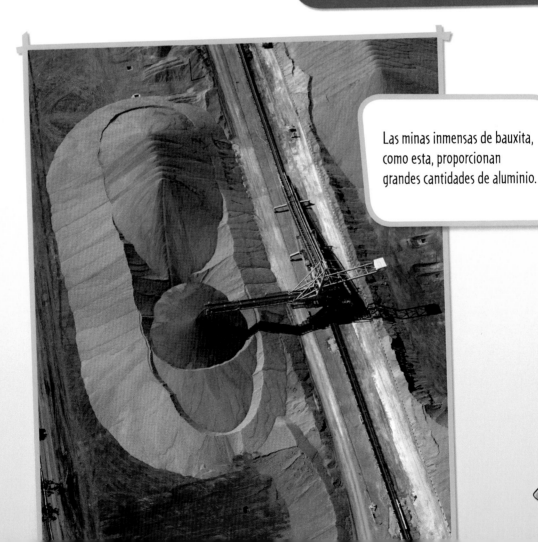

Las minas inmensas de bauxita, como esta, proporcionan grandes cantidades de aluminio.

COLECCIÓN DE MINERALES

Aquí te presentamos lo que debes y no debes hacer si quieres tener tu propia colección de rocas y minerales:

LO QUE DEBES HACER

• Visita tu biblioteca local y mira mapas geológicos y guías prácticas, o quizás puedas unirte a un club de geología, para hallar lugares con minerales específicos. Siempre que salgas a buscar minerales, hazlo con un adulto de confianza o infórmale a un adulto a dónde vas.

• Busca pedazos de minerales en el suelo del jardín, en las playas y en las montañas.

• Lleva contigo una bolsa resistente para colocar los minerales, herramientas útiles y bolsas de plástico y envoltura de burbujas para clasificar y proteger tus hallazgos.

• Mira las exposiciones de minerales en los museos locales para ayudarte a identificar los minerales que hayas encontrado.

Los minerales de una colección se pueden clasificar de muchas maneras, por ejemplo, según el tipo, el lugar donde se encontraron, la forma de sus cristales o su color.

LO QUE NO DEBES HACER

- No recojas minerales en un lugar sin verificar primero. Las canteras suelen ser lugares peligrosos, porque las rocas te pueden caer encima. En algunos sitios no está permitido buscar minerales, porque allí hay vida silvestre poco común o porque es propiedad privada.

- No te lastimes al recoger minerales. Las rocas suelen tener bordes dentados, especialmente cuando están rotas, y el polvo y los pedacitos de roca pueden dañar los ojos. Protégete usando botas resistentes, ropa de protección, guantes y hasta un casco.

Consejo de ciencias

Usa solamente martillos geológicos hechos de acero endurecido para golpear las rocas. Algunas rocas y minerales son más duros que el acero de los martillos normales, así que te podrías lastimar si se desprenden y salen volando esquirlas de metal.

Estos son algunos elementos típicos y útiles de un kit de coleccionista de minerales. ¿Sabes para qué sirve cada uno?

cinceles

brújula

martillo para rocas

gafas

pinzas

lupa

guantes

bolsa resistente

casco

¿SE ESTÁN AGOTANDO LOS MINERALES?

Ahora sabes sobre diferentes minerales, cómo se forman y adónde se encuentran. ¿Pero sabías que algunos minerales se están agotando porque la gente los usa en grandes cantidades?

PROVISIÓN LIMITADA

Muchos minerales se formaron hace millones de años y necesitan mucho tiempo para desarrollarse. Esto significa que hay una provisión limitada mientras usamos cada vez más minerales. Además, algunos aparatos que están ganando popularidad necesitan minerales raros para poder funcionar. Entre ellos está el tantalio de los teléfonos celulares y el indio de los televisores de pantalla plana.

Los científicos han calculado cuándo podrían agotarse algunos minerales.

Mineral	Año en que podría agotarse
plata	2017
indio	2017
cinc	2037

Una manera de reducir la cantidad de minerales que usamos es reciclarlos. Los carros se aplastan para que el acero del que están hechos se pueda volver a usar.

RECICLAR MINERALES

¿Usas botes para **reciclar** las latas de aluminio o acero de bebidas y alimentos? Las latas se llevan a otro lado, se funden y se moldean para fabricar objetos nuevos. Cuando reciclamos los minerales, reducimos la cantidad de **minería** que debe llevarse a cabo. Esto significa que se necesitará menos combustible para impulsar los vehículos como las excavadoras y las trituradoras de rocas. También significa que se excavará menos tierra para hallar los minerales y se acumularán menos desechos sobre el terreno. Por ejemplo, las medallas de oro de los Juegos Olímpicos de Invierno de 2010 se fabricaron en parte con el oro recuperado de computadoras viejas.

Así que esta es la historia de los minerales. La próxima vez que comas un sándwich, bebas de una lata o viajes en carro, piensa en los minerales y cómo los aprovechamos.

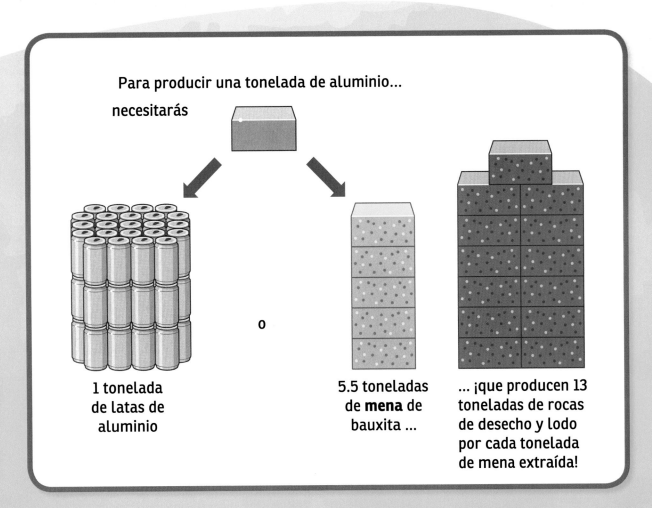

Para producir una tonelada de aluminio...

necesitarás

o

1 tonelada de latas de aluminio

5.5 toneladas de **mena** de bauxita ...

... ¡que producen 13 toneladas de rocas de desecho y lodo por cada tonelada de mena extraída!

¡FABRICA PINTURAS DE MINERALES!

En el pasado, los artistas no podían comprar pinturas en las tiendas. En cambio, fabricaban sus propias pinturas con minerales. Por ejemplo, utilizaban malaquita triturada para fabricar pintura verde. ¡Tú también puedes fabricar tus propias pinturas!

MATERIALES:

- 6 pigmentos (colores) naturales en polvo. Aquí te presentamos algunas ideas de minerales: polvo de tiza, polvo de talco, óxido en polvo, macetas molidas, pizarra molida, grafito (mina de lápices) en polvo, hollín, ceniza de papel quemado, polvo de carbón, carbonilla molida. ¿Se te ocurren otros?
- mortero viejo y mano (o un tazón viejo y un rodillo)
- 2 cucharadas de goma arábiga en polvo (de una tienda de materiales de arte)
- 1/2 taza de agua caliente
- 2 cucharaditas de miel
- un tazón viejo
- un envase plástico para huevos o una paleta para pinturas
- un gotero
- paletas de madera
- papel y pinceles

PROCEDIMIENTO:

1 Muele por separado en el mortero los pedacitos de cada pigmento hasta formar un polvo.

2 Coloca la goma arábiga en polvo y la miel en el tazón. Añade agua caliente y mezcla hasta que el polvo y la miel se hayan **disuelto**. Deja enfriar la mezcla (denominada aglutinante). El aglutinante mantiene pegado el pigmento y evita que la pintura se agriete al secarse.

3 Coloca un poquito de cada pigmento en un compartimento diferente de la paleta. Con el gotero, añade una gota de aglutinante a cada uno y mezcla con una paleta hasta formar una pasta. Gradualmente, añade gotas de agua y mezcla hasta obtener una pintura de consistencia líquida.

4 ¡Comienza a pintar! Si la pintura se seca, añade un poquito más de agua y mézclala.

GLOSARIO

ácido sustancia, normalmente líquida, que puede dañar las cosas que toca si es muy fuerte

átomo la partícula más pequeña de materia química que existe

azufre elemento amarillo pálido

brillo manera en que reluce la superficie de algunos objetos o materiales

calcita tipo de mineral que se encuentra en la roca de piedra caliza

cantera sitio de donde se extraen grandes cantidades de roca de la tierra

ciclo de la roca formación, destrucción y reciclaje constantes de las rocas a través de la corteza terrestre

corteza capa rocosa de la superficie terrestre

cristal sólido formado por una disposición regular y repetida de átomos o moléculas

cuarzo mineral duro, que a menudo se encuentra en forma de cristales

desgastado fragmentado debido a los factores climáticos, como las temperaturas extremas

disolver mezclar completamente con un líquido

elemento la sustancia química más simple

erosionar desgastar, por ejemplo, debido a la acción del agua que fluye, el viento y los glaciares

feldespato tipo de mineral de color blanco o rojo que se encuentra comúnmente en las rocas

fuente hidrotermal lugar en el fondo del océano donde el agua caliente, llena de sustancias químicas, fluye hacia arriba a través de las grietas en la corteza terrestre

fundición calentar y fundir la roca para extraer de ella el metal

geólogo científico que estudia las rocas y el suelo que forman la Tierra

granito tipo de roca dura y gris utilizada con frecuencia en la construcción

lava roca fundida que sale de un volcán a la superficie de la Tierra

magma roca fundida debajo de la corteza terrestre

manto capa muy profunda de roca ardiente debajo de la corteza terrestre

mármol roca metamórfica formada de la roca sedimentaria de piedra caliza

mena roca que contiene minerales metálicos

metal precioso metal que es valioso y raro

meteorito roca proveniente del espacio que choca contra la Tierra

minería proceso de excavar y obtener minerales de abajo de la tierra

molécula grupo de átomos

núcleo parte central de la Tierra

piedra caliza roca sedimentaria común compuesta por el mineral calcita, que puede provenir de los caparazones y esqueletos de los animales marinos

piedra pómez roca ígnea llena de burbujas de gas, que la hacen muy liviana

presión fuerza o peso que aprieta o comprime una cosa

propiedad característica que tiene algo; por ejemplo, una de las propiedades del diamante es que es duro

rayos X tipo de luz que puede atravesar objetos y permite ver su interior

reciclar convertir una cosa en algo nuevo

roca ígnea roca formada cuando el magma (roca fundida) se enfría y se solidifica

roca metamórfica roca que se forma por la acción del calor o de la presión

roca sedimentaria tipo de roca que se forma con pedazos diminutos de roca o de caparazones de animales marinos

sílice material fuerte y quebradizo que es gris y ligeramente brillante

solución líquido en el cual está disuelta una sustancia

volcán apertura en la superficie terrestre a través de la cual se escapa el magma desde las profundidades

yeso mineral blando y blanco como la tiza. El yeso también se usa para hacer cemento.

APRENDE MÁS

LECTURA ADICIONAL

Clarke, Philip. *100 Rocks and Minerals to Spot* (Usborne Spotter's Cards).
   Tulsa, Okla.: EDC, 2008.

Infiesta, Eva, Tola, José. *Átlas básico de fósiles y minerales*. Barcelona: Parramón, 2004.

Walker, Sally M. *Rocks* (Early Bird Earth Science). Minneapolis: Lerner, 2007.

SITIOS WEB

Aprende más sobre cómo identificar los minerales en:
www.rockhounds.com/rockshop/rockkey/index.html

¿Te gustan los retos? Intenta jugar con minerales en:
www.sdnhm.org/kids/minerals/games/index.html

Mira animaciones de cómo se forman las rocas en este sitio web del Instituto Franklin:
www.fi.edu/fellows/fellow1/oct98/create

LUGARES PARA VISITAR

American Museum of Natural History
Central Park West en 79th Street
New York, New York, 10024-5192
Tel: (212) 769-5100
www.amnh.org
Visita la sala de minerales y
gemas del museo.

The Field Museum
1400 S. Lake Shore Drive
Chicago, Illinois 60605-2496
Tel: (312) 922-9410
www.fieldmuseum.org
No te pierdas las exposiciones de rocas y
minerales de todo el mundo.

ÍNDICE